Alessandra Benassi

IL MARE, UNA VELA

...

UN SOGNO

Youcanprint *Self-Publishing*

Titolo | Il mare, una vela...un sogno
Autore | Alessandra Benassi

ISBN | 978-88-91185-83-9

Youcanprint Self-Publishing
Via Roma, 73 – 73039 Tricase (LE) – Italy
www.youcanprint.it
info@youcanprint.it
Facebook: facebook.com/youcanprint.it
Twitter: twitter.com/youcanprintit

PREFAZIONE

Due anni fa scelsi di riposarmi in un luogo
che non frequentavo da tempo. Avevo ricordi
di bambina di quel luogo. Ricordi vivissimi
e bellissimi. E così la curiosità di tornare e
vedere se tutto era cambiato, era fortissima.
Rimasi sorpresa, molto. Una decisione presa
all'ultimo minuto mi aveva riportato in un
luogo che non ricordavo di amare tanto. E
quella stessa settimana successe qualcosa.
Qualcosa che non avevo previsto.
Mi trovavo sotto ad un pino in un tardo
pomeriggio d'estate, ai piedi della spiaggia.
Il sole era scomparso e le nubi grigie
avevano preso il sopravvento. Pioveva, il
vento soffiava forte e la spiaggia era
rimasta deserta ma io restavo lì sotto quel
pino. Scrivevo. Ho sempre amato il mare
agitato e la solitudine. Il fascino del vento e
delle correnti. Mi aiuta a pensare, a scrivere
e a stare bene. Poi d'improvviso, ricordo, il
mio sguardo smise di divagare perché
incrociò quell'uomo che non scappava ma
andava incontro al mare. E in lui vidi lo

stesso amore che da sempre mi accompagna verso le onde. Aveva indosso la muta ed era sceso in acqua con tavola e vela. Quello che successe dopo fu qualcosa di incredibile e che non dimenticherò mai. E ancora adesso a distanza di tempo, quello sguardo innamorato è rimasto nel mio cuore come da sempre è nel mio cuore, l'amore per il mare.

Da sempre e per sempre …

LIFE

Io
che vivo di passione illimitata
di amore sconfinato
e di devozione verso uno sport.
Io
che come chiunque altro
vivo di speranze,
sogni
ed incertezze.
Ogni giorno rischio
sfidando i miei limiti
e le mie paure
alla ricerca di quella perfezione
che forse
non arriverà mai.
Io
che ho il senso del controllo
e penso sempre positivo.
Mi prefiggo obbiettivi
e l'impegno costante per raggiungerli
fa di me ogni giorno che passa,
una persona migliore.
Io
che so ascoltare

perché la mia mente
ed il mio corpo
sono una cosa sola.
Ed ora
sono qui,
prima del via
e focalizzo l'attenzione su me stesso.
Visualizzo ogni sensazione che provo
ed ogni pensiero
che la mia mente sfiora.
Accompagno il movimento del mio corpo
attraverso la mente
e memorizzo.
Memorizzo la sequenza perfetta.
Sì.
Chiudo gli occhi un istante
e ascolto.
Ascolto solo il battito del mio cuore.
E' ora.
Si parte.
Apro gli occhi.
Via.

IL MIO MONDO

Sono qui,
ora,
in mezzo al mare.
Sono qui
tra un onda e l'altra
con la mia tavola
ed il cavalcare delle onde.
Sospeso
nel vuoto
in una realtà tutta mia,
vivo il mio mondo
con il riflesso del sole negli occhi
e la brezza marina
che scalda le spalle.
Come in un sogno
allungo una mano
e tocco il cielo con un dito.
E poi volteggio.
Ruoto la vela
e volteggio di nuovo.
Volteggio oltre il mare,
oltre il vento,
oltre il confine.
Il confine del vecchio mondo
e la soglia del nuovo.

E come sospeso
in un tempo infinito
sono ora
in questo mondo nuovo
che appartiene a pochi.
In una fantasia
che fa sognare molti.

IL MIO AMORE PER IL MARE

Piccole gocce sulla mano umida
sono l'immagine più chiara
del ricordo di te.
Le emozioni
ed il sapore che lasci sulla pelle
sono uniche al mondo.
Il mio cuore
al tuo sguardo impazzisce
ed ogni battito del mio cuore
è un'esplosione di gioia
nel vedere tanta bellezza.
Ma lacrime amare
scivolano lungo le guance
disegnando sulla pelle bizzarre linee
che sembrano scavare ancor di più
nella mia tristezza
quando ti lascio.
Sei grande ai miei occhi
e agli occhi di tanti
ed io t'appartengo.
T'appartengo
ora e per sempre.

IL SIGNORE DELLE ONDE

Dolce poesia d'estate
in questa notte piena di stelle
dove il buio assoluto mi parla di te.
Dove è splendido sognar
ogni tramonto lontano
ed ogni paesaggio oltreoceano
che vorrei vivere accanto a te.
E nonostante io sia qui lontano,
il mio cuore,
le mie emozioni,
sono in cerca di te.
E questo desiderio che sale
mi porta a pensarti fra le onde ed i marosi
ad ogni marea cercarti col pensiero,
con lo sguardo.
E nel mio cuore,
nei miei ricordi
mentre imperversano le onde
ed il frastuono dei lampi,
nella tempesta perfetta laddove nessuno osa,
solo la tua vela scende impetuosa
a disegnare solchi perfetti
in quel mare dimenticato da Dio.
Ma tu sei molto di più di questo,
sei unico

e solo quando la tavola
sembra aver domato
la furia che la circonda,
il tuo cuore si placa
e guadagni la riva e nient'altro.
Sul tuo volto sorridente
c'è solo il segno del mare,
come dimenticarlo
ed invece nel mio cuore
ci sei solo tu o mio signore.
Il mio signore delle onde.

LUOGO DEI MIEI DESIDERI

Oltre le bianche dune
dove il mare
incomincia la sua distesa,
sento la brezza calda e salmastra
pervadere i miei sensi
mentre lo sguardo
si perde all'orizzonte.
Il cielo
è il più blu
che io abbia mai visto
e l'acqua spumosa a riva
è di un verde brillante.
Lingue di sabbia
si alternano in strani disegni geometrici
mentre il mare
con le sue onde
sembra non volerle lasciare mai.
Conchiglie consumate sulla riva
segnano il tempo
ed il sapore del sale
rimane sempre.
Notti,
le più nere,

baciate dal cosmo
e dalle sue creazioni
dipingono sulla mia testa
una strana tela
e così nelle mie fantasie,
allungo una mano
per grattarne via un pezzetto.
E in tutto questo
il mio cuore si perde.
Vivere giorni di sole
in completa allegria
e notti pacate
e piene di stelle.
Col cuore ti penso sempre.
Luogo dei miei desideri.

AI CONFINI DEL MONDO

Come spumeggia il mare
in burrascose onde arrabbiate.
La sera
è calata pian piano
sulla mia testa
ed il vento,
in raffiche forti,
trascina all'impazzata
la vela in bandiera.
Mi guardo attorno.
Le cime strette vibrano tutte
e le restanti vele
tremano visibilmente.
Il mondo sembra dirmi di scappare
da quel luogo dimenticato da Dio.
Ma il richiamo del mare
che col buio diventa sempre più nero,
mi tiene lì con lui,
in balia delle sue correnti
e mi porta al largo
dove amo stare.
Dove non c'è tempesta
che non mi faccia sentire a casa.

OLTRE IL MARE

A volte
amica mia
mi perdo
con lo sguardo all'orizzonte.
Il ricordo di te
non mi abbandona mai
ed il sapore del sale
lo sento sempre in bocca sai?
Quanto mi manchi.
Lo so,
sono pochi gli attimi
che ci tengono uniti ogni volta
ma con lo sguardo
spesso ti cerco lo stesso
persino nei sogni.
Presto,
te lo prometto,
giungerà il momento,
la stagione si aprirà
e le giornate saranno più belle.
Verrò da te e dal blu,
oltre il mare,
oltre i sogni,
ti vedrò nascere.
Il cielo sfiorerà il tuo dorso

e con l'impetuosità del tuo carattere
e l'aiuto delle correnti,
ti vedrò crescere ed arrivare
ed io e te,
finalmente,
ci riuniremo nel nostro gioco
fatto d'azione,
devozione
e pezzetti di cuore.

REEF

Tu
che nasci dalla roccia
e gli scheletri calcarei
ed i coralli duri
ti fanno crescere.
Tu
che puoi mutare
in frangente
o splendido atollo.
Il tempo
è dalla tua parte.
Le stagioni
ti vedono crescere
e cambiare.
Le maree
ti accarezzano
con il loro dolce tocco
ed il sole
con i suoi lunghi raggi
penetra nelle acque
e ti dona bellissimi riflessi.
Tu
che intorno ad un vulcano
sei sempre il più bello

e alla fine
di ogni eruzione,
di ogni vita magmatica,
rimani solo tu
in un bellissimo
anello della natura.

ONDA TEMPESTOSA

Travolgi tutto ciò che incontri
facendoti grande
tra tante altre.
E quando raggiungi
la tua massima imponenza
allora ti fai sentire.
Ti infrangi sugli scogli
ma non cedi
oltrepassi verso la riva.
E solo allora
rovesci su te stessa
per poi morir felice
sulla terra ferma.

LEGGENDA DEL MARE

Leggenda
che dal mare mi abbagli
ed il sole
col suo calore
bacia il tuo profilo
così perfetto.
Leggenda
che al largo
il tuo volto è perso
tra schiume biancastre
e marosi in tempesta.
Leggenda
che giochi con la vela,
tra un'onda e l'altra,
in movimenti colorati
che da lontano
accecano il mio sguardo rapito.
Dove folate di vento
scompigliano i tuoi capelli
e dove i raggi solari
accarezzano la tua pelle
ambrata e lucida
facendo sussultare il mio cuore
ogni qualvolta
ti vedo saltare.

Leggenda
che dal cuore del mare
e nel mio cuore
per sempre
vedrò felice tra i flutti.

BAGNATO DAL SALE

Sopita
dalla tranquillità
di un alba autunnale
guardo il mare.
E dal tiepido calore
di questo sole
nascosto dalla foschia,
osservo le onde
infrangersi a riva.
Tutto si è spento.
Le giornate,
l'allegria.
Chiudo gli occhi un istante
ed il mio cuore
ti chiama.
Ma dal mare
nessuna vela.
Allora
lo sguardo
si abbassa deluso.
E spento
in uno sbuffo
di emozioni stanche
attende.
Attende la primavera

e l'arrivo di te
che con la tua vela
e la tua voglia di vivere
mi riempiono il cuore
di nuovo
di tanta gioia
quanto è bello
il sorriso
che le tue labbra serene
posano sul tuo volto
bagnato dal sale.

E LO AMERAI PER SEMPRE

Conosci il mare
in tutta la sua bellezza.
Conosci il mondo
che si cela sotto di lui.
Vivi una sensazione unica
ascoltando il silenzio
di questo paradiso
e le sue forme di vita.
Prova.
E lo amerai per sempre.

ED ASPETTO

Come spumeggi mare
quando sento il richiamo.
Scendo in acqua
e ti vedo crescere.
T'innalzi
sotto a me
ed è come muoversi
leggeri.
E allora
scivolo giù
per la tua cresta
ed anticipo la tua caduta.
Ed aspetto.
Aspetto che tu mi rincorra
in questo gioco tra noi
e più ti innalzi
e più diventi ripido.
Ed io
scendo veloce
solcando la tua superficie,
sfidando la corrente
e poi viro
e ti prendo in lunghezza.
Gioco con la tua cresta
che si fa bianca

mentre ti pieghi su te stesso
pian piano.
Ma io
ti percorro senza paura.
Sei bellissimo.
E nel tunnel delle emozioni
dall'altra parte
spunta la visione più bella.

TELEFONATA INASPETTATA

Ti ringrazio
ragazzo dall'animo nobile.
Ti ringrazio
per avermi permesso di ricordare
quanto amo il mare.
Ciò che amo di più al mondo
non me stessa
ma qualcosa di più grande ancora.
Un mondo
ancora tutto da scoprire
e che mi ha rubato il cuore
ormai da sempre.
Sei una persona davvero speciale
per aver capito
per avermi compreso
e perciò
ti penso
e ti immagino ai suoi piedi
e mi sembra tutto
così bello.
Tu e lui.
Poi penso a quando tornerai da me
e allora
scruterò i tuoi occhi

nella speranza
di qualcosa di magico
e vedrò qualcosa
che prima
non avevo visto mai.
E come piccole lucciole
i tuoi occhi
si illumineranno al mio sguardo,
un sorriso e due parole
sussurrate
in un alito di vento..
MI MANCHI.
Ed io non saprò più
se è il tuo cuore
a parlarmi
o l'eco del mare.

TU SEI MARE

Il colore dei tuoi occhi.
La profondità del tuo sguardo.
Tu sei mare.
Il mondo sommerso
in cui vorrei vivere.
L'onda
che mi porta a riva
dopo l'avventura più bella.
Tu sei mare.
La distesa d'acqua
in cui andare a cercare
ogni mio sogno.
La linea all'orizzonte
dove finisce tutto.
Ci sei tu.

MAREGGIATA

Mareggiata
che porti a riva
tutto ciò
che la tua furia
ha strappato alla vita.
Freddo
è il vento
che accompagna
queste gelide acque
di abbandono.
Una conchiglia
sulla battigia
si muove appena,
trascinata
dall'ondeggiante tuo riflesso ondoso
sulla sabbia.
Il silenzio è calato
e rimane solo la fine.
La fine
di una vita spezzata
in balia
di una corrente marina
che non avrà mai fine.

RICORDO INDELEBILE

Col naso all'insù
guardo il cielo.
Si è dipinto di rosso
e questo tramonto dal mare
è un uragano di emozioni.
Le onde
si innalzano
e l'emozione dilaga.
Una vela
all'orizzonte
è come un dipinto prezioso.
Un amore implacabile.
Un ricordo indelebile.

CAVALCANDO L'ONDA

Intrepido
ti cavalcherò
sfiorando il cielo con le dita
e quando la spuma bianca
cadrà dalla tua cresta,
sotto di te,
io sfiorerò il tuo fianco
e nel tunnel delle emozioni
sbucherò felice
con te che mi rincorri
e in un travolgente gioco d'emozioni
mi sorriderai felice.

SGUARDO INNAMORATO

Amore
che dal mare arrivi
col canto del vento
e dal dorso di un onda
mi sorridi felice.
Amore,
il cui sguardo si perde
tra l'azzurro del cielo
ed il blu delle onde.
Amore,
il cui sogno è perso
tra creste spumose
ed il mio sguardo innamorato.
Amore,
dal blu del mare
all'azzurro dei tuoi occhi
io mi perdo.
Sogno.
Amo.

LA PIU' GRANDE

All'orizzonte nasci.
Dall'orizzonte arrivi
con la distanza che ti fa crescere
e la forza delle maree.
Ti innalzi verso il cielo
con tutta la tua maestosità
in cerca della tua gloria
per poi proseguire in tutta la tua furia
ed il tuo importi al mondo.

REGALO D'OLTREOCEANO

Conchiglie abbandonate sulla sabbia
in riva al mare,
segnano un ricordo.
Un regalo portato da lontano
ed un pensiero di cuore
che ha oltrepassato l'oceano
e mi ha raggiunto volando.

FANTASTICO AMORE

Purezza incontaminata
che incide ricordi nel cuore
e con voci segrete
increspa il mare.

VERITA'

Una gemma preziosa.
Un amore unico.
Un ideale che affiora.
Un onda forgiata
per incanto dalle maree.
Un segreto
custodito per sempre
nelle blu profondità
di questo mio cuore innamorato.

SEGRETI

Dietro il tuo duro sguardo
si nascondono raffiche di vento.
Mentre dietro il tuo bellissimo sorriso
si nasconde l'amore per un onda.
Quella perfetta.
Io
amico mio
nascondo nel mio cuore te
ed il tuo amore per il mare.

L'AMORE DI SEMPRE

Sei acqua.
L'amore di sempre.
Un oceano di emozioni complesse
che rendono la mia vita insostituibile.

IL LITORALE DEI SOGNI

Onda tempestosa
arrivi dal mare,
smorzata dalla costa,
lungo il litorale dei sogni
che questo mio cuore innamorato
ora e per sempre
ti seguirà con lo sguardo.

DESIDERIO NASCOSTO

Sei come tempesta
che travolge.
Un oceano di fuoco
che brucia dentro
ogni emozione.
Sei ciò che al passaggio
di un alito di vento
si perde nello stretto abbraccio
di uno sguardo innamorato.

BLADE
BLADE 5.3

IL MIO MONDO BLU

Dalla finestra socchiusa
uno spiraglio,
un raggio di sole
mi porta a ricordar
quanto sei bello.
La tua bellezza
non ha eguali
e le tue profondità
avvolgono di mistero la mia curiosità.
Non mi stancherei mai
di guardarti,
non mi stancherei
mai di toccarti.
Ogni singola parte di te
è come mi appartenesse
ed ogni parte del mio corpo,
compresa la mia anima
sono tuoi.
A volte
mi scopro a ricordarti
nelle estati più calde,
quando l'unica brezza ce c'è
viene dal tuo cuore
e col suo profumo
mi fa capire

quanto sei grande
e quanto è grande
ciò che ti appartiene.
Mi accorgo allora
di essere solo
una piccola parte del tuo mondo,
un essere insignificante al tuo confronto,
una piccola particella del cosmo
che però ti da
la cosa più grande che ha.
L'AMORE ETERNO.

CAVALIERE DEL MARE

Cavaliere
senza armatura
il tuo volto
è cosparso di gocce salate
che brillano
se baciate dal sole.
Sorridi.
Giochi di vela
evolvono in emozioni incredibili
e le tue labbra
esultano
ad ogni salto sull'acqua.
Il mare si increspa.
La vela ruota
e la tua direzione cambia.
Prima
guardavo il tuo bellissimo sorriso
venirmi incontro.
Ora
le tue larghe spalle
si allontanano verso l'orizzonte.
Te ne vai Cavaliere del Mare?
Il mio sguardo ti segue.
Il mio cuore ti ama.

AMORE DAL MARE

E' una giornata di vento.
Il sole è alto.
Il mare è bello
come non si è mai visto.
Colline ondose si susseguono
e folate di vento
le accompagnano.
Spume biancastre
miste al blu oltremare
dipingono questa distesa d'acqua
a me tanto cara.
Un tuffo
nel blu di questo oceano.
Questo paradiso
che non mi stanca.
Riemergo.
E d'improvviso un ombra
mi nasconde il sole per un attimo.
Una vela
scivola velocissima
sulla superficie dell'acqua
mentre un sorriso
incrocia il mio sguardo.
Il più bello
che io abbia mai visto.

ESSERE

Celi la profondità del tuo sguardo
dietro il nero occhiale per il sole
e la sicurezza
di un ambrata carnagione.
L'idea di un mito.
Una leggenda
che non tramonta.
La perseveranza
per la ricerca di un onda
che non cesserà mai di esistere.

SENZA TE NON POSSO STARE

Mare
che porti lontano i miei ricordi,
i miei pensieri.
Anneghi tutti i miei sogni.
I miei desideri.
Mare
senza te non posso stare.
Non posso vivere.
Mare
sei il mio mondo.
La mia vita.

INDICE

RINGRAZIAMENTI

L'Amore per il mare scaturita dal vento e dalle sue forti correnti e la ricerca continua dell'onda perfetta, mi hanno portato ad ammirare quest'uomo che nella sua purezza ha saputo rendermi partecipe, anche se per poco, del suo mondo, trasmettendomi questo amore che nella sua semplicità mi ha stregato il cuore ed ispirato alcune delle più belle poesie che io abbia mai scritto. Grazie di cuore.

Immagini concesse dal Bustysurf Starboard
Pro Center - Vieste

9 788889 118583 9